Boris Bankl ist Autor mit über 35 Jahren Erfahrung im
Bereich Kampfkunst, Selbstverteidigung, Tai Chi und Qi
Gong. Er war von Anfang an begeistert von asiatischer
Philosophie, insbesondere dem Yin und Yang, aber auch
dem I-Ging, dem Tai Chi, der Lehre des Dao, dem Wu Wei
und eben dem Zen.

boris felix bankl

# E-ZEN-ZEN

## Erleuchtung garantiert

**Die Kraft von SitZen**

**TanZen und WitZen**

**Bibliografische Informationen der Deutschen Nationalbibliothek:**

Die Deutsche Nationalbibliothek verzeichnet diese Publikation in der Deutschen Nationalbibliografie; detaillierte bibliografische Daten sind im Internet über http://dnb.d-nb.de abrufbar.

© 2021 – boris felix bankl – 1. Auflage
Herstellung und Verlag: BoD – Books on Demand, Norderstedt
Umschlaggestaltung: bfb – Grafik & Design

ISBN: 978-3-7534-7742-8

Für meine Familie.

# Vorwort

Schon als Kind faszinierten mich Witze in der Art wie: "Zwei Indianer sitzen auf der Brücke, der eine heißt Sam, der andere springt ins Wasser" oder der berühmte: "Ein Schwein geht um die Ecke und ist weg."

Ich beschäftigte mich viel mit Taoismus und Zen und insbesondere die nicht mit Logik zu begreifenden Sprüche oder Geschichten des Zen (Kōan) erweckten meine Begeisterung.

Zudem fand ich, dass sich oft in einem kleinen Spruch der Weisheit ein ganzes Universum der Erkenntnis öffnen kann. Ein kleiner Satz kann viel an Gehalt besitzen, lässt jedoch mehr Freiraum zum eigenen Denken und Philosophieren als jedes ausformulierte Buch.

Eines schönen Tages fragte mich meine Frau - und diese Frage war in diesem Augenblick völlig ernst gemeint: "Wie heißt eigentlich James Bond mit Vornamen?" Just in diesem Moment fiel es mir wie Schuppen von den Augen, dass wir nur allzu oft das Offensichtliche, das, was direkt vor unserer Nase liegt, einfach nicht sehen. Es war ebenfalls genau zu diesem Zeitpunkt, dass der Inhalt dieses Buches zu größten Teilen einfach "da" war!

Sofort war mir danach, meine Gedankenblitze zu Papier und in Umlauf zu bringen, um in dieser allzu ernsten und oberflächlichen Welt einen kleinen Funken des Tiefsinns und der Heiterkeit gleichermaßen auszuwerfen, damit möglichst Viele Feuer fangen und aus der Paradoxie dieses Spiels ausbrechen. Manche werden verstehen, andere nur müde lächeln, wieder andere nichts von beidem.

Übrigens: In diesem Büchlein ist viel Doppeldeutigkeit versteckt. Beispiele: Beim Wort Wach-Zen ist zum einen das Wachsen aus spiritueller Sicht gemeint, zum anderen aber auch das Wachsam-

Sein, das beim Zen (und nicht nur dort) eine große Rolle spielt. Oder das Nie-Zen - ein Wortspiel aus 'Niesen' und dem 'niemals exisiterenden Zen' (warum es niemals existiert, gehört bereits zu den Rätseln, die für dich noch folgen werden).

Also, vor dem Urteil (oder dem Vor-Urteil) erst mal genauer hinsehen, es gibt mehr zu entdecken als es scheint! Oder anders ausgedrückt: Nichts ist, wie es scheint (entdeckst du auch hier die Doppeldeutigkeit?). Zudem befinden sich etliche 'versteckte' Botschaften zwischen den Zeilen.

Leben bleibt ein Rätsel!

Möge jeder seinen eigenen Weg finden...

Borizen (boris felix bankl)


**WARNHINWEIS:**

Dieses Buch kann zur Erleuchtung führen, muss aber nicht. Der Autor hat sämtliche Aussagen nach bestem Nicht-Wissen und Un-Gewissen geprüft, übernimmt jedoch keine Gewähr.

PARA-D-

X

MATR-**X**

Wie hat **All-Es** angefangen?

# ALL-**EIN**-SEIN

EINS-SEI**N**

EIN-SAM-SE**I**N

ZWEI-F**E**L

ENT-**S**CHEIDUNG

UR-T**E**IL-UNG

ZWE**I**-SAM-SEIN

GEMEI**N**-SAM-SEIN

Alles Leben ist die
**Mit-TEILUNG**
des Universums.

**Alles** in Einem und **Eines** in Allem!

**All** in **one** and **one** in **all**!

(Geborgt von den drei Musketieren)

# Die Ver-EINIGUNG
# mit dem **GanZ**en.

$$1 + 1 = \mathbf{1}$$

(Höhere Mathematik)

In der **STILL**E liegt es verborgen.

SitZen und **der Stille lauschen**.

Was hörst **Du**?

Was bewegt sich, wenn sich **NICHT**S bewegt?

—

Was bewegt D**ich?**

Welche Rolle **spielst Du**?

Willst Du den Reigen

des **Kosmos** mit tanZen**?**

**B** - Achtung

**ACHT**SAMK**E**IT

**B** - Ob-Achtung

# AUFMERKSAMKEIT!

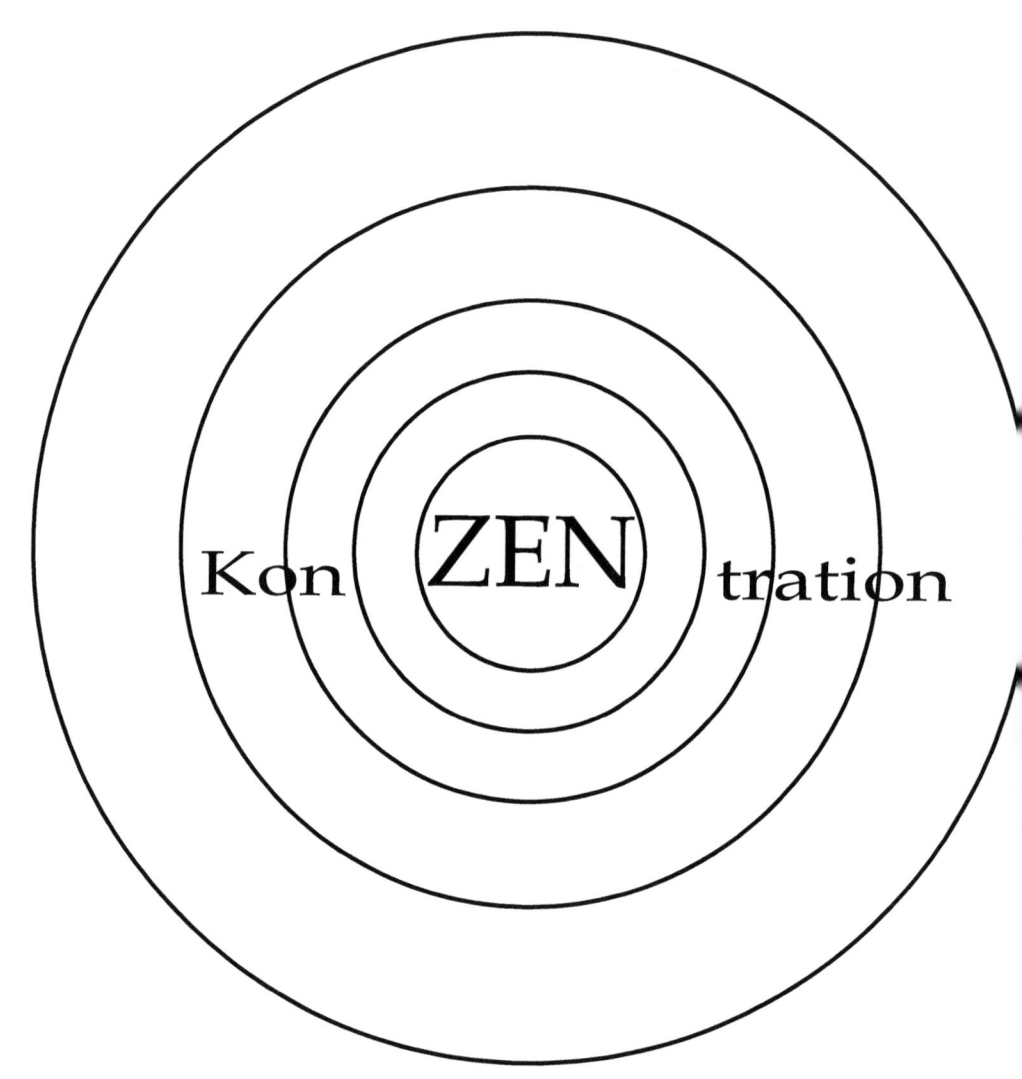

Kon ZEN tration

Wir machen uns alle **etwas** vor.
Was **ist** dahinter?

Bin ich **Gott** und wenn ja,
warum nicht?

# Ist die **Wirklich**keit Wirklich**keit**?

TransZENdenz

# Hast Du **eine VOR**-Stellung von der VOR-**Stellung?**

wach-ZEN

Das **gleich**e Leben.
Doch immer **anders**.

**Sei** einfach

und das Leben wird dich tragen.

Sei **einfach**

und das Leben wird dich tragen.

Wir alle sind

Rei – **ZEN** – de

durchs Universum.




Tu, **w**as du tust,

g**e**he, wohin du **g**ehst,

sei, wer du bist!

**Für IMMER** ist ein Augenblick.

**ZE**IT?

Nur Illusio**N**.

Das Geheimnis des Lebens:
Es gibt **kein Geheimnis**!

Du machst dir das **Leben** selbst.

Es gibt kein „**da draußen**".

EX**IST**ENZ

**NICHT**-EXISTENZ

Was ist **da**zwischen?

UR-SPRUNG

SPRUNG

GEDANKEN

QUANTEN

# SPRUNG

**Ich** lebe meinen **Traum**.

**Ich träume** mein **Leben**.

Wenn die Glocke **ver**stummt,
wohin ist ihr Ton ge**gangen**?

Dunkelheit - nur auf **eine** Pflaume
scheint der Mond.

Dunkelheit - nur auf eine **Pflaume**
scheint der Mond.

Die Wahrheit ist so einfach,
**dass kein Mensch** sie sieht.

Gibt es ein LEBEN **vor dem Tod**
und wenn ja, wann?

Gibt es ein LEBEN **vor
dem LEBEN?**

Welcher **Ge**danke steckt hinter
dem Ge**danken**?

Welche Frage **hinter**
diesen **Fragen**?

ERDENKL**ICH**

UN-ᴇʀᴅᴇɴᴋʟ**ICH**

# DENKE das **UNDENKBAR**E!

Der **Verstand** kann sich nicht selbst umgehen.

Der Verstand kann sich nicht selbst **verstehen**.

Sum, quod **cogito**,

**ergo**:

Non cogito, non **sum**.

Es gibt k**ein** VER-STEHEN.

Verstehe das doch!

Kann jeder **Mensch** sagen:

"Ich bilde mir dieses Leben nur ein!"

und haben alle **recht?**

Turn the page...

AUF**WACH**EN




ER-**WACH**-ZEN




ER**WACH**EN

# ZEN

Erleuchtung

ist wie

## Sterben,

obwohl Du am

## Leben

bleibst oder wie

## Aufwachen,

während Du schläfst.

# Er-FÜLLUNG

Statt Erleuchtung vielleicht:

**Durch**dringung

oder

Durchdrungen**sein**?

**2B**

or not

**2B**

**2B1**

**B1**

**B**

**Wie** heißt James Bond mit Vornamen?

**Ist das** zu offensichtlich?

Wie heißt DU **wirklich?**

Schau beim Laufen mal nach unten:

Du gehst nur mit einem Fuß durchs
**Leben**.

Bleib stehen und sieh', wo der andere
**bleibt**.

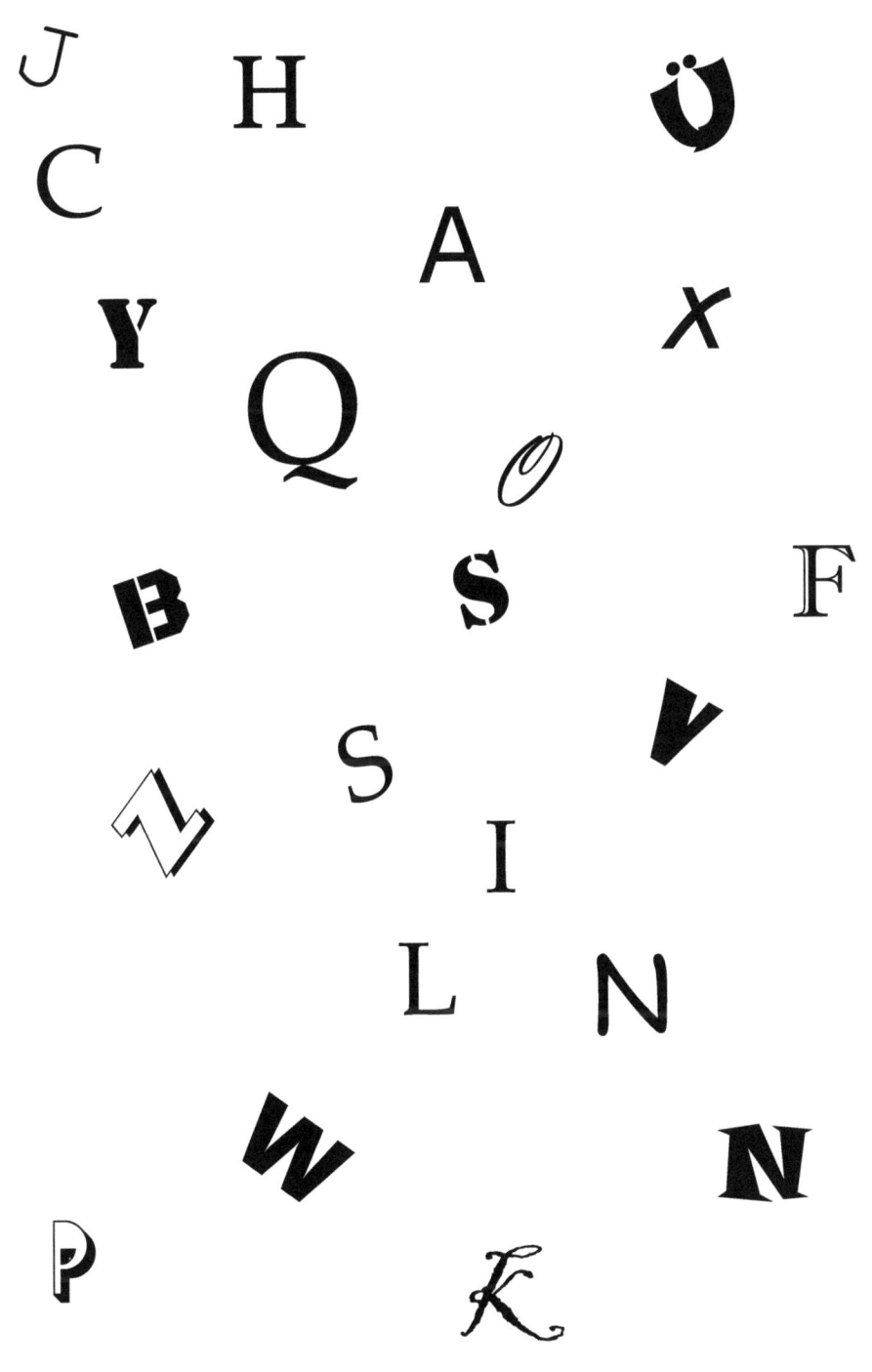

Im dem Moment, in dem Du **Dich** verlierst, kannst Du Dich **finden**.

**Im** selben **Moment**, in dem Du Dich findest, hast Du Dich schon wieder verloren.

Ist es **etwas** Besonderes,

**nicht**s Besonderes

**sein** zu wollen?

los **EGO**!

**EGO**-los

**LOGO**-e**s**

# GE-SpINNSTE?

**Sieh hin** - sieh hin**durch!**

# SPIEGEL

# BILD

SPIEGEL
BILD

Du bist das

**ZEN**

TRUM.

# Das Leben

Roll-Läden hoch,

Roll-Läden hinunter - **jeden Tag**.

**Urlaub** im Zelt

Keine Roll-Läden -

Reißverschluss!

# Wie heißt der Feiertag des Universums?

(Lösung auf der nächsten Seite)

# Der **ALL**-Tag!

# Wie klingt das Klatschen D**EIN**er dritten Hand?

(Keine Lösung auf der nächsten Seite)

# WOHER **WO** WOHIN

LEBEN im LEBEN im LEBEN im LEBEN im LEBEN
LEBEN im LEBEN im LEBEN im LEBEN im LEBEN
LEBEN im LEBEN im LEBEN im LEBEN im LEBEN
TRAUM im TRAUM im TRAUM im TRAUM im TRAUM
LEBEN im LEBEN im LEBEN im LEBEN im LEBEN
LEBEN im LEBEN im LEBEN im LEBEN im LEBEN
LEBEN im LEBEN im LEBEN im LEBEN im LEBEN
GESCHICHTE in der GESCHICHTE in der GESCHICHTE
LEBEN im LEBEN im LEBEN im LEBEN im LEBEN
LEBEN im LEBEN im LEBEN im LEBEN im LEBEN
LEBEN im LEBEN im LEBEN im LEBEN im LEBEN
SPIEL im SPIEL im SPIEL im SPIEL im SPIEL im SPIEL
LEBEN im LEBEN im LEBEN im LEBEN im LEBEN
LEBEN im LEBEN im LEBEN im LEBEN im LEBEN
LEBEN im LEBEN im LEBEN im LEBEN im LEBEN
FILM im FILM im FILM im FILM im FILM im FILM
LEBEN im LEBEN im LEBEN im LEBEN im LEBEN
LEBEN im LEBEN im LEBEN im LEBEN im LEBEN
LEBEN im LEBEN im LEBEN im LEBEN im LEBEN
SIMULATION in der SIMULATION in der SIMULATION
LEBEN im LEBEN im LEBEN im LEBEN im LEBEN
LEBEN im LEBEN im LEBEN im LEBEN im LEBEN
LEBEN im LEBEN im LEBEN im LEBEN im LEBEN
MATRIX in der MATRIX in der MATRIX in der MATRIX
LEBEN im LEBEN im LEBEN im LEBEN im LEBEN
LEBEN im LEBEN im LEBEN im LEBEN im LEBEN
LEBEN im LEBEN im LEBEN im LEBEN im LEBEN
ILLUSION in der ILLUSION in der ILLUSION in der ILLUSION
LEBEN im LEBEN im LEBEN im LEBEN im LEBEN
LEBEN im LEBEN im LEBEN im LEBEN im LEBEN
LEBEN im LEBEN im LEBEN im LEBEN im LEBEN

LEBEN

NEBEL

# **Kein**er weiß!

# **Warum**? Weil!

KRI-**ZEN**

ZEN

ZEN

**Nie** – ZEN

ZEN

ZEN

CHAN-**ZEN**

VOR-DENKEN




DENKEN




NACH-DENKEN

Neu **geboren** – jeden Tag.
Was machst Du daraus**?**

**Lebe** jeden Tag als
wäre es Dein erster**!**

Ist die Welt von morgen
**bereit**s die Welt von gestern?

Gestern – Heute – Morgen

ALL-Es **JETZT?**

**Wo**, wenn nicht jetzt und wann,
wenn nicht hier?

Wenn nicht **jetzt**, wan tan**?**

(Wan Tan – chinesische Vorspeise)

**EIN**ATMEN - **AUS**ATMEN

=

Die **E-Zen-Z** des Lebens.

# E-Zen

## Verdauen

## Ausscheiden

Die Würze des **E-ZEN-s** ist unantastbar.

KREISLAUF

KREISLAUF

KREISLAUF

KREISLAUF

KREISLAUF

KREISLAUF

KREISLAUF

KREISLAUF

Lö-Zen und **wieder**
ins Flie-Zen kommen.

Das **ganz**e **Leben** umarmen.

Finde den Fehler!

**Bleibe** in Ver-Bindung!

Wir **SCHÖPFE**n

alle aus de**R**

**gleich**en Quelle.

Jetzt kann ich es Dir ja verraten:
Kein **Anfang**. Kein **Ende**.

eS

gEht

nIcht

aNders

Treffen **sich** zwei
Zen-Meister **nicht**.

# boris felix bankl

Kampfkunstlehrer und Coach mit sonderpädagogischer Ausbildung: "Ich sammle seit über 35 Jahren intensive Erfahrungen in verschiedensten Kampfkünsten. Davon habe ich 20 Jahre Kampfkunst und Selbstverteidigung, Tai Chi und Qi Gong sowie spezielle Formen des Coachings unterrichtet.

Für mich war die Kampfkunst schon immer mehr als nur eine Möglichkeit, das Kämpfen zu lernen. Mich faszinierte die körperliche Entwicklung in ihrer Vielfältigkeit, darüber hinaus aber auch die dahinter stehenden philosophischen Konzepte, die im alltäglichen Leben eine große Kraft und Hilfe bieten können. Kampfkunst entwickelt den Menschen zu einer umfassend ausgebildeten Entität und gibt eine aus Ruhe erwachsende Stärke und Sicherheit."

Kontakt zum Autor: bfb@kunkiandao.de

Vom Autor gibt es noch weitere Bücher zu ähnlichen Themen-
bereichen. Zu finden bei: bod.de/buchshop/
oder bei anderen Buch-Anbietern…

Nahezu immer wird die uralte Philosophie des Yin
und Yang 'falsch' interpretiert. Denn: Die beiden Pole
ergeben stets eine Einheit und nur unser Verstand teilt
sie in Gegensätze auf. Dieses Buch gibt eine Sicht auf
das Leben, die uns vom Getrennt-Sein und der
Spaltung wieder zur Einheit unseres Daseins
zurückbringt und uns tief in unserem Inneren heilt.

**9,99 €**
ISBN: 978-3-7526-4457-9

Buchempfehlung: "Das magische Tagebuch - Lias Geheimnis".

Kinder- und Jugendroman

Die 14-jährige Mila soll ihre Sommerferien bei den Großeltern auf dem Land verbringen. Davon ist sie erst überhaupt nicht begeistert, denn es scheinen die langweiligsten Ferien der Welt zu werden. Als sie dann aber ein geheimnisvolles Tagebuch findet, ahnt sie nicht, welches Abenteuer auf sie zu kommt...

**9,99 €**
ISBN: 978-3-7526-6753-0

Zu finden bei: bod.de/buchshop/
oder bei anderen Buch-Anbietern...